Inhalt

Inhalt

Vorwort

Mehr als ein Vierteljahrhundert lang haben wir zusammen die Welt bereist. Otto, Christine und ich. Otto, das ist der Spitzname meiner blauen Mercedes G-Klasse. Und Christine war die Frau, die mir auf die folgende Zeitungsannonce antwortete: *Willst du um die Welt reisen? Suche unkomplizierte, sportliche Begleitung, bereit, eine Abenteuertour durch Afrika und Südamerika zu unternehmen.* Kurz nach der Wende war das, und Christine kam aus der DDR. Sie brannte darauf, die Welt zu sehen. Knapp 900 000 Kilometer haben wir seitdem zurückgelegt, dabei 215 Ländern bereist. Aus der Reisebegleitung wurde Liebe, und um Otto kümmerten wir uns, als sei er unser Kind. 26 Jahre lang waren wir unterwegs. 26 Jahre lang haben wir mit Otto gelebt. Und fast so lange mit Christine. Leider erkrankte sie gegen Ende unserer Reise und starb 2010 schließlich an Krebs. Doch wir wollten nicht aufgeben und unseren gemeinsamen Traum fortführen: Den Rest der Route haben Otto und ich zum Teil mit unserem Sohn Martin zurückgelegt. So konnte er nachfühlen, was seine Mutter in den letzten Jahren erlebt hatte: Freiheit, Abenteuer und Glück.

Vor der Reise war ich Landeschef für die Lufthansa in Südamerika, Hongkong und Indonesien, auch als Geschäftsführer der Charter-Airline Hapag-Lloyd Flug in Hannover habe ich gearbeitet. Es zog mich wieder hinaus in die Welt. Also kündigte ich. Mit Anfang 50. Und ich kaufte Otto, 50 000 Mark habe ich damals für den 88 Diesel-PS-starken Vorführwagen bezahlt. Eine lohnende Investition: Trotz diversen Transporten via Flugzeug und Schiff, extremer Temperaturen, über 250 000 km ohne Asphalt und ständiger Überladung hat uns Otto nie im Stich gelassen. Christine und ich bauten den Wagen so um, dass er uns die nächsten Jahre als Zuhause dienen konnte: Die Rückbank wurde ausgebaut, stattdessen auf halber Höhe eine Holzplatte platziert. Auf diese legten wir Matratzen – unser Bett. Unter dieser Platte verstauten wir Töpfe, Werkzeug und im Prinzip unseren kompletten Haushalt, inklusive Küchenausstattung mit Gaskocher und Geschirr.

FB 126 C
D

Hapag-Lloyd
Gold Star Line
HAMBURG SÜD

NMF
Hapag-Lloyd
CFS PANAVERA
TUG

Egal, wo wir uns befanden, wir haben fast immer selbst gekocht. In einer Hängetasche hatten wir Gewürze, so konnten wir auch unsere Lieblingsgerichte aufpeppen und ganze Menüs zubereiten. Über dem Bett in einem Netz waren weiche Teile wie Moskitonetze, Pullover und Schals untergebracht und auf dem Dach haben wir in Kisten Dinge verstaut, die wir weniger oft brauchten. Während unserer Tour bin ich oft aufs Dach geklettert, um bessere Fotos schießen zu können. Für uns als Erinnerung. Als wir aus purer Reiselust losgefahren sind, hätten wir uns nicht träumen lassen, dass aus diesen Bildern einmal ein Buch wird. Im Gegenteil: Wir hatten vor, Afrika zu entdecken, später dann noch durch Südamerika zu fahren. Die ganze Welt? Daran dachten wir zunächst gar nicht.

Doch Reisen ist wie eine Sucht: Wer einmal damit anfängt, will bald immer mehr sehen. Otto verschifften wir im Container von Kontinent zu Kontinent und von Inselstaat zu Inselstaat. 41 solcher Containerfahrten hat er insgesamt überstanden. Auf der Innenseite des Schutzumschlags finden Sie Ottos beeindruckende Reiseroute.

Auf den wenigen Quadratmetern, die Otto uns bot, lebten wir all die Jahre glücklich zusammen. An den schönsten Orten der Welt. Am wohlsten haben wir uns immer in absoluter Wildnis gefühlt. In der Wüste, in den Bergen. Nicht die großen Städte haben uns angezogen, sondern die kleinen Dörfer, das Ursprüngliche. Wir sind oft auf Menschen getroffen, die noch nie Ausländer gesehen hatten, die uns mit Neugier und Freundlichkeit begegnet sind. Dank Otto konnten wir uns sehr frei bewegen. Einfach querfeldein durchs Nirgendwo fahren. Eine Weltkarte, auf der unsere Route verzeichnet war, hat dabei einige Zöllner von unserem Projekt überzeugt und damit auch die über 400 Grenzkontrollen außerhalb Europas erleichtert. Viele Länder, die wir durchquerten, könnte man heute nicht mehr so bereisen, wie wir es damals getan haben. Sie sind zu gefährlich geworden. Natürlich sind wir auch in kritische Situationen geraten. Aber wir hatten immer Glück.

Zusammen haben wir drei ein unglaubliches Abenteuer erlebt.

Gunther Holtorf

Salzwüste *Salar de Uyuni* in Bolivien

Faro
Malaga
Gibraltar
Tanger
Melilla
Rabat
Casablanca
Algiers
Tunis
Sicily
Valetta
Izmir
Adana
Aleppo
Erbil
Borujerd
Teheran
Mashad
Kabul
Islamabad
Hotan
Cyprus
Crete
Beirut
Palmyra
IRAQ
Yazd
AFGHANISTAN
Dharamsala
Djerba
TUNESIA
Tripoli
Figuiq
ALGERIA
Marrakech
Tata
El-Golea
Damascus
Baghdad
Esfahan
Kerman
Quetta
Lahore
Alexandria
Amman
IRAN
Multan
Bikamer
Delhi
Sidi Ifni
Gadames
Sirta
Tubruk
Cairo
Aqaba
Kuwait
Shiraz
Sukkur
Jaipur
Agra
La'ayoun
Insalah
Reggane
Sabha
Siwa
Medan Salih
Gwadar
PAKISTAN
Jaisalmer
WEST SAHARA
Ghat
Timsah
Luxor
Hurgada
Buraydah
BAHRAIN
QATAR
Dubai
Karachi
Udaipur
Dakhla
Djanet
Dakhla
Asuan
Medina
Riyad
Muscat
MAURETANIA
Tamanrasset
EGYPT
Abu Simbel
Abu Dhabi
UAE
Ahmedabad
Indore
Nouadhibou
Choum
Guezzam
Wadi Halfa
Jiddah
Mecca
SAUDI ARABIA
OMAN
Mumbai (Bombay)
Tijidja
Oualata
Arlit
Port Sudan
Empty Quarter
Al-Duqm
Pune
Nouakchott
Nema
NIGER
Agadez
Khartoum
Abha
Salalah
Panaji
Bijapur
Gao
CHAD
ERITREA
Goa
Hampi
SENEGAL
Dakar
Selibabi
Mopti
Sanaa
YEMEN
Birnin-K.
Asmara
Shibam
Bangalore
GAMBIA
Banjul
Bamako
SUDAN
Ed-Damazin
Aden
Haifa - Colombo
Zinder
N'Djamena
GUINEA BISSAU
Ouaga
Niamey
Lalibela
DJIBOUTI
Cochin
GUINEA
Conakri
Kankan
Bobo
BENIN
NIGERIA
Maroua
SOMALILAND
Cape Comorin
Abuja
Yola
Addis Abeba
Freetown
Bouake
SOUTH SUDAN
ETHIOPIA
SIERRA LEONE
Yamous-soukro
Lagos
Nile
Monrovia
Abidjan
Lome
Bangui
Juba
Jinka
Dolo
LIBERIA
TOGO
Enugu
CAMEROON
UGANDA
IVORY COAST
Yaounde
SOMALIA
Cotonou
Douala
Bremerhaven
Moyale
Mogadishu
Bunja
Eq. Guinea
CONGO
Kisangani
Kampala
Libreville
Nairobi
Lambarene
Franceville
Gamboma
Goma
Malindi
GABON
RWANDA
KENYA
Brazaville
Mombasa
Capetown - Hamburg
Pointe-Noire
BURUNDI
Kigoma
Kinshasa
Cabinda
Dodoma
Matadi
L. Tanganyika
Daressalam
TANZANIA
Luanda
Dondo
Mpulungu
Malange
Saurimo
L. Malawi
Moroni
COMOROS
Singapore - Toamasina
Lobito
Luena
MALAWI
Montevideo - Sing
Huambo
ANGOLA
ZAMBIA
Lilongwe
Ilha de Moçambique
Namibe
Lubango
Mongu
Nampulo
Lusaka
Blantyre
Toamasina
Kaprivi
Vic'Falls
Harare
Etosha
Tsumeb
ZIMBABWE
Antananarivo
Pt. Louis
NAMIBIA
BOTSWANA
Blw.
Baira
MAURITIUS
Mutare
MADAGASCAR
Windhoek
Maun
MOZAMBIQUE
Swakopmund
Gaborone
Inhambane
Pretoria
Maputo
St. Denis
Jo'burg
SWAZILAND
RÉUNION
Lüderitz
Montevideo - Capetown vv.
SOUTH AFRICA
Durban
Kimberley
LESOTHO
East London
Capetown
Port Elizabeth

Afrika

Mit Afrika hat 1989 alles angefangen. Das Ziel der ursprünglich geplanten Tour war, von Europa im Zickzack durch Afrika bis zum Kap zu fahren, um dann den Wagen nach Südamerika zu verschiffen. Viermal sind wir schließlich am Kap der guten Hoffnung gewesen, viermal sind wir jedoch – fasziniert von diesem Kontinent – wieder Richtung Norden gefahren, immer auf verschiedenen Routen.

Einmal mussten wir von Äthiopien über 5000 Kilometer weit auf Notreifen bis nach Südafrika fahren, weil wir nur dort in Pietersburg die richtigen Reifen bekommen konnten. Die alten waren nach all den Fahrten über Schotterpisten einfach verschlissen. Otto war überhaupt ziemlich gefordert in Afrika: Damals, vor gut 25 Jahren, war der Kontinent sehr viel ursprünglicher als heute. Es gab praktisch keinen Asphalt, und natürlich hatten wir keinen Reiseführer. Auf den meisten Strecken mussten wir Menschen auftreiben, die uns sagen konnten, ob man die Strecke überhaupt befahren kann. Wenn ich heute an Afrika zurückdenke, kommen mir vor allem die Tiere in den Sinn. Ein paar Tage lang begleitete uns ein Löwenrudel, das direkt neben Otto einen Kaffernbüffel zerlegte. Einmal wollte ich nachts raus und starrte prompt in die funkelnden Augen eines Leoparden. Ich habe mir mein Bedürfnis daraufhin lieber verkniffen.

2013 fuhr ich noch einmal nach Afrika, um ein paar Länder »nachzuholen«, in die wir damals nicht einreisen konnten. Drei Länder haben wir trotzdem bewusst ausgelassen: den Tschad, den Südsudan und Somalia. Dort war und ist es immer noch zu gefährlich. Und die Gefahr, Otto zu verlieren, zu groß.

Libyen gehört zu den klassischen Wüstensandländern und war damals unter Gaddafi ein sehr schwierig zu bereisendes Land. Wir mussten eine Tagesbesuchsgebühr von etwa 25 Euro zahlen und hatten eine obligatorische Begleitung von Einreise bis Ausreise, und zwar jeweils bis zur Grenze. Eigentlich. Denn diese Begleitung haben wir nach drei Tagen abschütteln könnnen. 17 Tage lang sind wir danach alleine durchs Land gefahren.

In Ägypten haben wir einen Monat verbracht. Besonders in Erinnerung geblieben ist uns die wichtigste archäologische Stätte Ägyptens, das Tal der Könige bei Luxor. Otto haben wir ausnahmsweise allein abgestellt, auf einem streng bewachten Parkplatz. Natürlich waren wir zunächst unten bei den Grabstätten. Aber anstatt uns alle nacheinander anzusehen, haben wir uns lieber oben auf diesen Hügel gesetzt und das gewaltige Panorama genossen.

Diese Brücke ist typisch für viele, die wir in Afrika befahren haben. Besonders im ehemaligen Zaire, der heutigen Demokratischen Republik Kongo, fanden wir uns oft vor extrem windigen Exemplaren wieder. Hier hatten wir noch Glück, da der zerstörte Unterbau durchweg mit Holzbohlen belegt war. Oft fuhren wir jedoch über Brücken, bei denen wir, nachdem wir über eine Bohle gefahren waren, diese Bohle von hinten hervorholen und vor Otto legen mussten. So haben wir uns dann Stück für Stück über die Brücke bewegt. Hier hatten wir nur vier Zuschauer. Oft hat uns ein ganzes Dorf bei solchen Zitterpartien zugesehen.

Ottos erste wirkliche Bewährungsprobe bei der Testfahrt 1989, noch ohne Christine: ein Lavafeld im Norden von Kenia, zwischen der Stadt Marsabit und North Horr. Die kindskopfgroßen Steine haben Otto und seiner Geländegängigkeit einiges abverlangt. Im Lavafeld war nur eine Art Piste freigeschaufelt, eine richtige Straße gab es nicht. Einen Tag lang sind wir durch dieses Gebiet gefahren – Otto ist ohne Reifenschaden davongekommen.

Kleine Regenschauer verwandelten die Fernstraßen in Afrika sekundenschnell in Flussläufe. Was hier so schön aussieht, war für uns eine ziemliche Herausforderung.

Oft haben wir in Hängematten geschlafen, die wir zwischen zwei Bäumen und Ottos Dachgepäckträger spannten. Im Norden Namibias ging das aber nicht. Kein Baum weit und breit. Wir haben die Hängematte stattdessen mit einem Stahlanker im weichen Buntsandstein befestigt. Die Gegend war Giftschlangengebiet, weswegen wir nicht zelten konnten. Mit der Hängematte hatten wir Abstand zum Boden, das war sicherer.

Algerien. Nur mit gutem Navigationsgefühl haben wir in dieser unendlichen Geröllfläche im Schatten des Hoggargebirges mit seiner imposanten Silhouette unseren Weg gefunden. Es ist das größte Gebirge in der Zentralsahara und fast so groß wie Frankreich. Jeder Abschnitt sieht anders aus. In einer Nacht haben wir oben im Gebirge übernachtet, am nächsten Morgen waren Ottos Scheiben mit Frost bedeckt. So ist der Winter in der Sahara: klare, eiskalte Nächte, tagsüber gleißende Sonne.

Viel ist uns auf der Reise nicht zugestoßen, abgesehen von mehrfachen Malaria-Erkrankungen und einer ausgekugelten Schulter. Einmal mussten wir jedoch wegen meines offenen Tropengeschwürs am linken Fußrücken von Jinka, in Äthiopien, durch das offene Gelände in Richtung Kenia fahren, da in Nairobi das größte Hospital in Ostafrika liegt. Abseits der normalen Route, immer dem Kompass nach, um keine Zeit zu verlieren. Kurz vor Sonnenuntergang haben wir diesen Nomadenstamm getroffen, vielleicht hatten sie noch nie Weiße gesehen. Alle wollten Christines blonden Haare anfassen, und auch Otto haben sie neugierig begutachtet. Leider mussten wir schnell weiter: Wir wollten noch vor Dunkelheit über die Grenze, und sind einfach in Richtung Süden gefahren. Als wir die Lichter Nairobis sahen, waren wir unendlich erleichtert. Die Ärzte sagten mir, der Fuß hätte abgenommen werden müssen, wären wir ein oder zwei Tage später gekommen.

Im Saharagelände zwischen Djanet und Tamanrasset in Südalgerien war dies der einzige Baum weit und breit, an dem wir unsere Hängematten aufhängen konnten. Durch Zufall haben wir während der fünf- oder sechstägigen Fahrt durch die Wüste drei Burschen kennengelernt, die auch in einer G-Klasse unterwegs waren. Wir sind ein Stück zusammen gereist. Der Fahrer wollte hier unbedingt die Steigfähigkeit seines Wagens testen – erfolgreich.

Madagaskar hatten wir in Afrika zunächst ausgelassen. 2014 bin ich daher noch einmal mit Otto losgezogen. Ich hatte Christine versprochen, unsere Tour in ihrem Namen zu Ende zu bringen. Hier in Madagaskar ist mit meinem schon 25 Jahre alten Otto, der unzählige steile Serpentinen, wackelige Holzbrücken und schlammige Sumpfpfade bewältigt hatte, das größte Missgeschick passiert. Auf einer Rollsplitpiste musste ich ausweichen und kam mit zwei Rädern an die Hangkante. Otto kippte um und wurde glücklicherweise von einem Baum gehalten. Alles flog durch den Wagen. Ich hangelte mich durch ein offenes Fenster heraus und suchte erst einmal meine Kameras und die Objektive zusammen, die rings um Otto verstreut waren. Dann setzte ich mich an die einsame Straße, zum Glück unversehrt, und wartete. Kurz vor Sonnenuntergang kam ein französischer Missionar vorbei. Er heuerte ein paar Leute an, die mit mir zusammen auf Otto aufpassten. Am nächsten Morgen haben wir den Baum, der meinen Wagen hielt, gefällt und Otto mithilfe von Seilen wieder aufgerichtet. Ein Lkw zog Otto zurück auf die Straße. Ich ließ den Motor an – der anstandslos startete.

Round The World Record Tour
210 Countries
870.000 km
25 Years
1989 - 2013
LEFT HAND DRIVE
MERCEDES-BENZ
FB-126 C
D

Hier ist eine Nomadengruppe, die wir unterwegs trafen, mit ihrem Hausstand auf dem Weg in ein neues Lager. Mitten im Saharagebiet von Niger. Die Wüste Sahara besteht nur zu einem geringen Teil tatsächlich aus Sand, die meisten Gegenden sehen eher aus wie diese.

BRC

Ein anderer Blick auf das heutige Afrika, das wir damals als so wild und ursprünglich erlebt haben: Luanda im ölreichen Angola mit seiner extremen Kluft zwischen Arm und Reich. Luanda wird auch heute noch regelmäßig als teuerste Stadt für Geschäftsreisende ermittelt, noch vor Hongkong und Zürich. Uns hat es sehr an Rio erinnert, die portugiesischen Einflüsse sind überall spürbar. Wir waren etwa vier Tage hier. Ich habe über Verbindungen in einem Hinterhof parken können, in den Otto zwar kaum reinpasste, der aber mit einem dicken Stahltor gesichert war. Wir hatten im Haus daneben ein Zimmer mit Blick auf Otto. Zur damaligen Zeit war er der einzige ausländische Wagen, der durch die Millionen-Metropole fuhr. Tourismus gab es dort praktisch nicht.

Abertausende Flamingos fischen sich aus dem flachen Wasser des Lake Nakuru in Kenia Algen und Kleinkrebse heraus. Der See gehört mittlerweile zum Unesco-Weltnaturerbe. Wir haben stundenlang auf Otto gesessen, um uns dieses atemberaubende Schauspiel anzusehen.

Nach Jahrzehnten des Bürgerkriegs hat Angola endlich Frieden gefunden und angefangen, die Kriegsschäden zu beseitigen. Diese Fernstraße von der Hauptstadt Luanda in den Osten Angolas war so gut zu befahren, wie es auf dem Bild den Anschein macht. Wir sind in der späten Abendsonne über die nagelneuen Serpentinen gekurvt.

Die afrikanische Alternative zu Waschmaschinen. Hier trifft sich an Waschtagen das ganze Dorf am Fluss, der dabei zu einem sozialen Treffpunkt wird. Diese Szene haben wir in Mosambik entdeckt und von einer Brücke aus fotografiert.

Mondlandschaft in Nordnamibia. Die einzige Möglichkeit, zwei Mercedes G über Nacht zu parken, war im Schatten dieses kleinen Dreiecksfelsens. Drumherum war der Sand zu weich, aber hier standen wir etwas erhöht und konnten unser Nachtlager aufgeschlagen.

Wenn ich an diese Situation zurückdenke, stellen sich mir immer noch die Nackenhaare auf. Eine handgefertigte Notbrücke, die über ein trockenes Flussbett führt. Die Überquerung fühlte sich an wie Russisch Roulette. Vielleicht die schlimmste Brücke, die wir je überquert haben. Als wir auf der anderen Seite waren, haben wir uns erst einmal hingesetzt und einen Schluck getrunken.

FB-126C

Die berühmten roten Sanddünen in der Namibwüste: Bei niedrigem Sonnenstand kommt ihre Färbung am schönsten zum Ausdruck. Wenn wir abends mitten im Nirgendwo unser Lager aufgeschlagen haben, spielten wir oft Beethovensonaten. Diese hatten wir auf Mikrokassetten dabei. Unser »Sound of Silence«, mitteleuropäische Kultur in der Wüste Afrikas. Wir haben auch stets mit Besteck gegessen und täglich unsere Betten ausgelüftet. Ein Stück unserer Lebensgewohnheiten zu bewahren, wenn auch im Kleinen, war uns wichtig.

In Afrika hat die Tierwelt ganz besonders Eindruck auf uns gemacht: Hier konnten wir aus nächster Nähe miterleben, wie ein Rudel Löwen auf offener Fläche einen Kaffernbüffel gerissen und zerlegt hat. Insgesamt 27 Löwen waren beteiligt, ein außerordentlich ungewöhnliches Erlebnis. Angst hatten wir trotz der direkten Nähe zu den Raubtieren keine – Otto ist schließlich stabiler als jeder Löwe.

Im Frühling 2013 bin ich durch Lesotho gefahren, ein von Südafrika umschlossenes Land. In diesem kleinen Dorf haben wir übernachtet; zwischen den Rondavels, wie die Rundhütten heißen, war Otto geparkt. Er wurde bestaunt wie ein Raumschiff, das mitten auf dem Marktplatz landet. Friedlich und freundlich. Wenn in einem dieser Dörfer Bäume standen, wie hier diese prächtig blühenden, haben wir in unseren Hängematten geschlafen. Uns ist nicht einmal die Idee gekommen, dass uns selbst etwas passieren könnte. Heute wäre wegen der angespannten Sicherheitslage vieles wahrscheinlich nicht mehr so möglich wie damals.

Am 15. Januar 1994 erhielt Otto in Äthiopien die dort erste Einreisegenehmigung für einen ausländischen Wagen, nach 20 Jahren Sperre.

Hier posieren einige Äthiopier stolz neben Otto. Eine Waffe zu besitzen, wie die Männer auf dem Bild hier, war dort nichts Ungewöhnliches.

FB-126C

Äthiopien besitzt eine sehr gebirgige und zerklüftete Landschaft. Wir hatten das Gefühl, dass es über Wochen nur extrem bergauf und bergab ging – auf Straßen, die während der Besatzungszeit von 1935 bis 1941 vom italienischen Militär gebaut worden sind. Eine dieser Fernstraßen ähnelte mit ihrer antiken Pflasterung sogar der Via Appia in Rom.

MEXICO
CUBA
JAMAICA
BAHAMAS
BELIZE
HONDURAS
GUATEMALA
SAN SALVADOR
NICARAGUA
COSTA RICA
PANAMA
DOM. REP.
Pto. RICO
HAITI
Caribbean Islands
Lesser Antilles
Moerdijk - Havana
Hamburg - Curacao
Trinidad - Hamburg
Capetown - Hamburg
Montevideo - Capetown vv.
VENEZUELA
COLOMBIA
EQUADOR
GUYANA
SURINAME
FR. GUIANA
PERÚ
BRAZIL
BOLIVIA
PARAGUAY
CHILE
ARGENTINA
URUGUAY
Falkland Is.
Tierra del Fuego
Amazon
Pantanal
Titicaca
MAURETANIA
WEST SAHARA
SENEGAL
GAMBIA
GUINEA BISSAU
GUINEA
SIERRA LEONE
LIBERIA
IVORY COAST
Caribbean Islands
DOMINICAN REP.
VIRGIN ISLANDS (US / GB)
ANGUILLA
St.MARTIN (F / NL)
St.KITTS-N.
MONTSERRAT
GUADALOUPE (F)
DOMINICA
MARTINIQUE (F)
St.LUCIA
St.VINCENT-GR.
BARBADOS
GRENADA
(ex Netherlands Antilles)
ARUBA
BONAIRE
CURACAO
TRINIDAD-TOBAGO
PUERTO RICO

Süd- und Mittelamerika

Im Februar 1996 kamen wir nach zehntägiger Schifffahrt aus Südafrika in Uruguay an. Für mich war das sehr berührend: Da ich lange in Uruguay gelebt hatte, als ich noch für Lufthansa arbeitete, war es, wie nach Hause zu kommen.

Dass ich sowohl Spanisch als auch Portugiesisch spreche, erleichterte das Herumreisen in Lateinamerika ungemein. Für uns war Südamerika auch landschaftlich der spannendste Kontinent. Die gebirgige Westküste. Der eisige Süden. Die trockenste Wüste der Welt. Der Amazonas, das größte Urwaldgebiet der Welt, und der gigantische Fluss, zig Kilometer breit. 104 000 Kilometer sind wir durch Südamerika gefahren, danach noch 38 000 Kilometer durch Mittelamerika.

Dabei gab es aber auch frustrierende Erlebnisse: Einmal wollten wir von Boa Vista in Nordbrasilien aus nach Georgetown, die Hauptstadt von Guyana, eine ehemals englische Kolonie, fahren, um dort Heiligabend zu verbringen – ich hatte Christine ein festliches Truthahnessen versprochen. Doch die Strecke führte mitten durch den Urwald und die Wetterverhältnisse waren nicht gut. Natürlich sind wir in einem Schlammloch stecken geblieben. Keine Chance rauszukommen. Also mussten wir abends unseren Tisch ins Trockene schleppen, um dort – weniger festlich – Nudeln zu essen. Wir schliefen in Otto anschließend so schief, wie er in besagtem Loch festhing. Ein Lastwagen zog uns später aus dem Schlamm. Wir sind dann umgedreht, haben die Strecke aber drei Jahre später doch noch bewältigt.

1999 reisten wir schließlich aus, machten uns 2007 aber wieder auf den Weg, da wir nun endlich auch nach Kuba einreisen durften. Anschließend klapperten wir die Karibikinseln ab. 2009 habe ich dann mit Martin die noch fehlenden Länder nachgeholt – Aruba und Curaçao.

Die Hochebene Altiplano zwischen Bolivien und Peru haben wir oft befahren. Dieses Gebiet auf etwa 4000 Metern Höhe hat uns in seinen Bann gezogen. Die unglaublich klare Luft und die damit verbundene Fernsicht kann aber auch verwirren: Die Dinge wirken so nah, dass wir oft dachten, wir bräuchten nur zehn Minuten irgendwo hin, in Wirklichkeit war es dann eine Entfernung von ein bis zwei Stunden. Lamas und Alpakas leben auf der Hochebene, auch Felder werden bewirtschaftet. Vereinzelt gibt es dort Siedlungen. Die einzigen Farbtupfer sind jedoch die Indiofrauen in ihrer prächtigen Kleidung.

Außerhalb von Cusco, im peruanischen Hochland, liegt Machu Picchu. Und, weniger bekannt, die Mauerterrassen von Sacsayhuamán, die Ruinen einer Inkafestung. Die Größe der Steine und die fugenlose Bauweise haben uns wahnsinnig beeindruckt. Wir standen fassungslos davor und fragten uns, wie vermutlich jeder andere auch, wie die Inkas das damals schaffen konnten.

PATRIA O MU
¡VENCEREM

Sehr zu unserem Erstaunen hat Otto als erstes ausländisches Fahrzeug seit der Revolution eine Besuchsgenehmigung für Kuba erhalten. Die Genehmigung stammte von Fidels Bruder Raúl Castro. Ab Dezember 2007 erkundeten wir die Insel einen Monat lang. Otto glänzte mit einem gelben, kubanischen Nummernschild, war vorübergehend eingemeindet und wir konnten uns somit frei zwischen den alten amerikanischen Straßenkreuzern bewegen. Wegen seiner Geschichte war es für uns das interessanteste Land der 22 besuchten Inselstaaten in der Karibik. Als wir kurz nach unserer Ankunft in einem kleinen Laden ein Dutzend Eier kaufen wollten, stellte sich heraus, dass es die nur mit Lebensmittelkarten gab. Aber der Ladenbesitzer bedeutete uns zu warten, kramte in seinen Papieren und schenkte uns schließlich ein paar der Eier. Während der gesamten Reise profitierten wir von der Gastfreundschaft der Kubaner, die uns von ihren Lebensmittelkarten etwas abgaben, damit wir auf den lokalen Märkten einkaufen konnten.

Das hat uns sehr berührt. Auf dem Bild steht Otto neben einem typischen Billboard: »Vaterland oder Tod – wir werden siegen«, ein Ausspruch Fidel Castros.

Die Transamazonica entlang des Amazonas haben wir ein paar Mal befahren. Die ursprüngliche Piste mit ihren unzähligen provisorischen Holzbrücken ist mittlerweile verbreitert, aber immer noch nicht asphaltiert. Bei Feuchtigkeit ist sie rutschig wie ein Eisparkett. Aber wir waren zum Glück nie während der Regenzeit dort. Den ganzen Tag fuhren wir an Waldstücken oder an gerodeten Flächen vorbei durch die Wildnis. Übernachtet haben wir abseits der Straße in unseren Hängematten, im Ohr die Urwaldmusik. Anstrengend waren nur die Moskitos. Natürlich sprühten wir uns ein, aber das half nur vorübergehend. Da uns die Fahrt oft körperlich sehr anstrengte, konnten wir trotzdem gut schlafen. Der Schreck kam dann erst beim Erwachen: Ich bin zum Glück nicht so empfindlich, was Stiche angeht, aber nach einer Übernachtung dort war am nächsten Tag mein ganzer Hals rot und geschwollen.

Die Geysire und heißen Quellen am Fuße des Vulkankraters El Tatio im Norden Chiles waren die, die uns am meisten im Gedächtnis geblieben sind. Es ist das größte Geysirgebiet der Südhalbkugel und auch größer als die Gebiete in Island. Wir haben dort oben auf 3500 Metern Höhe übernachtet, um die Wasserdampffontänen vor Sonnenaufgang zu erleben. Dabei ist auch dieses Bild entstanden. Eine kaum zu bewältigende Piste führte damals, 1997, nach oben. Heute begrenzt eine Schranke den Nationalpark, den man nur gegen eine Gebühr betreten darf.

Da die weltberühmte Inka-Festung Machu Picchu nur mit dem Zug erreichbar ist, mussten wir Otto ausnahmsweise zurücklassen. Leider waren und sind zunehmend mehr Touristen dort – ein eindrucksvolles Bild bietet die Inkastätte trotz allem.

Dies ist der südliche Teil der Panamericana im Norden von Chile. Sie ist durchgängig asphaltiert und führt am Meer entlang, parallel zu den Anden. Wegen der kalten Meeresströmung herrschen dort oft Dunst und Nebel.

Die Anden. Der Hochgebirgszug erstreckt sich von Kolumbien entlang der südamerikanischen Westküste bis nach Feuerland. Gleichzeitig bildet der Kamm die Grenze zwischen Chile an der Küste und Argentinien im Inneren des Kontinents. Im Grunde sahen wir dort den ganzen Tag nur diese gebirgige Mondlandschaft von Horizont zu Horizont. Die vielen Pässe, die von einem Land zum anderen führen, hat Otto alle gemeistert – ebenso wie die Höhe von knapp 5000 Metern.

Die British Virgin Islands leben, wie viele Inselstaaten der Karibik, vom Kreuzfahrttourismus. Hier läuft nach Sonnenuntergang gerade das letzte Schiff aus dem Hafen aus. Natürlich ist der Ort sehr schön, war für uns aber ein starker Kontrast zu dem vor Leben sprudelnden Kuba. Allerdings wurden wir hier mit der steilsten Straße der Reise konfrontiert: Das einzige Mal, dass ich im Allrad mit Geländeuntersetzung fahren musste, Vollgas im Kriechgang. So hat uns Otto über den Berg gebracht.

Die Stadt Cuzco, Ausgangspunkt für Machu-Picchu-Besucher, liegt in einem Kessel auf etwa 3500 Metern. Wir waren ein paar Mal hier, immer nur für ein paar Tage. Die Stadt ist berühmt für ihre Inkabauten, auf deren Grundmauern die heutigen, spanischen Gebäude errichtet wurden.

Ich bin sicher dutzende Male in Rio gewesen, weil ich so oft beruflich dort hingeflogen bin. Aber für Christine war es die Erfüllung ihrer Weltreiseträume, einmal an der Copacabana entlang zu laufen. Mit viel Glück haben wir es geschafft, Otto unterhalb der Christo-Statue zu parken. Christine ist allein auf den Zuckerhut gefahren, ich bin mit Otto unten geblieben. Sie hatte Tränen in den Augen. Es war genauso schön, wie sie es sich vorgestellt hatte.

Der Perito-Moreno-Gletscher ist einer der größten der Welt und neben den Iguazú-Wasserfällen die größte landschaftliche Touristenattraktion Argentiniens. Von seiner bis zu 70 Meter hohen Abbruchkante kalbt er permanent in den Lago Argentino, ein einmaliges Spektakel. Wir durften über Nacht auf der Besucherterrasse parken, obwohl der Nationalpark eigentlich abends schließt. Es ist sehr kalt dort, vergleichbar mit dem Klima Norwegens. Nachts sind wir oft aufgewacht – jedoch nicht vor Kälte, sondern von dem krachenden Kalbgeräusch, das die Stille zerreißt.

Die internationale »Fernstraße« von Boa Vista im Norden Brasiliens nach Georgetown, der Hauptstadt Guyanas, war unsere schwierigste Strecke. Otto war der erste ausländische Wagen, der beim zweiten Versuch im Jahr 2002 den zähen gelben Lehmschlamm und die vielen gefährlichen Wasserpassagen gemeistert hat. Bereits drei Jahre zuvor waren wir am Heiligabend in einem dieser Schlammlöcher steckengeblieben und mussten am Weihnachtstag umkehren.

Die Iguazú-Wasserfälle zwischen Brasilien und Argentinien waren für uns das größte Naturschauspiel Südamerikas. Der Besuchersteg führt in das Herz des hufeisenförmigen Wasserfalls, in die sogenannte *Garganta del Diablo*, den Teufelsschlund. Wir hatten das Gefühl, direkt in den Wasserfall hineingezogen zu werden. Von der argentinischen Seite aus kann man hinter dem Wasserfall an der Felswand entlanglaufen, während das Wasser an einem vorbeidonnert.

Entlang der Transamazônica im Herzen des brasilianischen Amazonasgebiets wurden riesige Flächen abgebrannt oder gerodet, um Platz für Sojafelder und Rinderherden zu schaffen. Wegen des Klimas werden vor allem indischstämmige Rinder gehalten, die Zebus. Otto war oft umzingelt von Zebu-Herden – besonders beeindruckt haben sie sich von ihm nicht gezeigt.

RUSSIAN FEDERATION
NEPAL
INDIA
BHUTAN
Pokhara
Kathmandu
Mt. Everest
Sikkim
Thimpu
Kanpur
Gyantse
Shigatse
Lhatse
Shegar
Jenisei
Ob
L. Baikal
North Cape
Murmansk
Petrozavodsk
St. Petersburg
Novgorod
Tallin
Riga
BELARUS
Minsk
Kiev
UKRAINE
Kishinev
Odessa
Krim
Yalta
Bucarest
Sofia
Istanbul
Athens
Izmir
Crete
Cyprus
Moscow
Vladimir
N'Novgorod
Cebokzari
Kazan
Razan
Penza
Naberezhnje C.
Ufa
Samara
Tambov
Saratov
Volgograd
Rostov n.D.
Soci
The Caucasus
Black Sea
Caspian Sea
Aral Sea
Yekaterinburg
Tyumen
Ishim
Omsk
Kujbyshev
Novosibirsk
Kemerovo
Krasnoyarsk
Tulun
Irkutsk
Ulan Ude
Chita
Kurgan
Chelyabinsk
Kostanai
Oral
Aktobe
Aral
KAZAKHSTAN
Astana
Karaganda
Barnaul
Biysk
Altai
Beikonur
Qizilorda
Taraz
Almati
Shimkent
Bishkek
KYRGYSTAN
Tashkent
UZBEKISTAN
Khiva
TURKMENISTAN
Turkmenbashi
Bukhara
Samarkand
Dushanbe
Osh
Kashgar
TAJIKISTAN
Ashkhabad
Kunduz
Tblisi
Trabzon
Baku
Ankara
Yerevan
Erzurum
Van
Tabriz
Sari
Teheran
Mashad
Erbil
Borujerd
Aleppo
Palmyra
Beirut
Damascus
Amman
IRAQ
Baghdad
Yazd
Esfahan
Kerman
IRAN
Shiraz
Kuwait
Alexandria
Cairo
Aqaba
Tubruk
Siwa
Luxor
Hurgada
Dakhla
Asuan
EGYPT
Abu Simbel
Medan Salih
Medina
Buraydah
Riyad
BAHRAIN
QATAR
Dubai
UAE
Abu Dhabi
Muscat
OMAN
SAUDI ARABIA
Jiddah
Mecca
Empty Quarter
Abha
Al-Duqm
Salalah
Sanaa
Shibam
YEMEN
Aden
Wadi Halfa
Port Sudan
Khartoum
ERITREA
Asmara
Ed-Damazin
SUDAN
Lalibela
DJIBOUTI
SOMALILAND
Addis Abeba
ETHIOPIA
SOUTH SUDAN
Juba
Jinka
Dolo
SOMALIA
Mogadishu
UGANDA
Moyale
Kisangani
Bunja
Kampala
Nairobi
Goma
RWANDA
Malindi
KENYA
Mombasa
BURUNDI
Kigoma
Dodoma
Nile
Kabul
AFGHANISTAN
Islamabad
Dharamsala
Quetta
Lahore
Multan
Bikamer
Delhi
Sukkur
Gwadar
PAKISTAN
Karachi
Jaisalmer
Jaipur
Agra
Udaipur
Ahmedabad
Indore
Mumbai (Bombay)
Pune
Panaji
Goa
Bijapur
Hampi
Bangalore
Cochin
Cape Comorin
SRI LANKA
Ceylon
Varanasi
Ranchi
Kolkata (Calcutta)
Dakha
BANGLADESH
Chittagong
Konark
Guwahati
Assam
Pokhara
Kathmandu
Sikkim
Thimpu
BHUTAN
Lhasa
Nagqu
Hotan
Taklamakan
Urumqi
Turpan
Luntai
Korla
Dunhuang
Qinghai
Golmud
Kharkhorin
Ulaan Baatar
Olgii
Altay
Arvayheer
MONGOLIA
Gobi
Yinchuan
Lanzhou
Xi'an
Datong
Beijing
Pingyao
Chengdu
P.R. CHINA
Wuhan
Yichang
Nanjing
Shanghai
Hangzhou
Wenzhou
Shangri-La
Dali
Kunming
Yuanyang
Guilin
Liuzhou
Hongkong
Macau
Hanoi
Hainan
Mandalay
MYANMAR
LAOS
Vientiane
Chiangmai
Yangoon (Rangoon)
Bangkok
THAILAND
Angkor
CAMBODIA
Phnompenh
Saigon/HCMC
Danang
VIETNAM
Phuket
Georgetown
K' Lumpur
MALAYSIA
Medan
Bukittinggi
Padang
SINGAPORE
Sumatra
Tlk.betung
Jakarta
INDONESIA
Yogyakarta
Java
Surabaya
Bali
Lombok
Sumbawa
Denpasar
Sumba
Flores
Kupang
Timor
Dili
EAST TIMOR
Darwin
Cape York
Makasar
T. Toraja
Poso
Balikpapan
Manado
Moluccas
Papua
INDONESIA
Kalimantan
Sarawak
Miri
BRUNEI
BSB.
Kota Kinabalu
Sabah
Sandakan
Zamboanga
Mindanao
Cebu
Samar
Tacloban
Lete
PHILIPPINES
Manila
Luzon
Taipei
TAIWAN
Kaohsiung
Okinawa
Tynda
Skovorodino
Birobidzan
Kosomolsk n.A.
Vanino
Chabarovsk
Sachalin
Blagovesh-chensk
Vladiwostok
Nakhodka
Changchun
Shenyang
Pyongyang
DPRK
KOREA
Seoul
Busan
Dalian
Yantai
Tsingtao
Wakkanai
Hokkaido
Sapporo
JAPAN
Niigata
Tokyo
Honshu
Osaka
Hiroshima
Kagoshima
Kyushu
Haifa - Colombo
Singapore - Dubai
Bremerhaven
Singapore - Taipei - Singapore
Perth
Dalian - Lae

Asien

Asien haben wir in vielen großen und kleinen Etappen bereist. Das erste Mal sind wir 2005 von Afrika aus in den Nahen Osten, den arabischen Raum, eingereist. Oft war es auf diesen Routen schwierig, ein Visum zu bekommen. Aber wie immer hatten wir Glück: Auf einer unserer Etappen haben wir beispielsweise alle Länder besuchen können, die auf -stan enden: Pakistan, Kasachstan, Usbekistan …

Wir sind insgesamt zweimal durch die gesamte russische Föderation gefahren, einmal von Murmansk über Moskau bis nach Wladiwostock, und einmal von Japan kommend über Sachalin nach Europa – rund 12 000 Kilometer. Im Rahmen der Möglichkeiten waren wir sogar während des Krieges in Afghanistan und haben die deutschen Camps besucht. In Kabul standen wir dann im Hof eines bayerischen Biergartens. Ähnlich eines Biergartens im Norden vom Irak, den wir ebenfalls besucht haben.

Ein Highlight in Asien war natürlich Nordkorea. Bis heute kann ich kaum glauben, dass wir dort einreisen durften. Andere Länder hingegen waren weniger problematisch und wir haben sie mehrmals besucht: Nach Thailand ist Otto elf Mal eingereist, nach Malaysia sieben Mal, in Singapur war er sogar acht Mal. Drei Monate lang sind wir durch China gefahren, 30 000 Kilometer haben wir dort zurückgelegt. Indien haben wir als das größte Freilichtmuseum der Welt kennengelernt: Dieser Facettenreichtum an Kulturgütern, die vielen Sprachen, 15 offizielle Schriften auf jedem Geldschein. Auf die Einreiseerlaubnis nach Japan mussten wir sechs Jahre lang warten, noch länger auf die für die Philippinen. Und Myanmar konnten wir erst 2014 bereisen.

SHUN TAK

Diese Aufnahme ist von einer Aussichtsplattform des höchsten Berges der Hongkonginsel aus entstanden. Ich habe von 1967 bis 1973 in Hongkong gelebt, 2011 bin ich mit Otto und Martin dorthin gereist. Die Skyline gab es in den 70er-Jahren so nicht, die meisten Häuser sind abgerissen und dann höher wieder aufgebaut worden. Was sich aber nicht verändert hat, ist das quirlige, geschäftige Leben in der Stadt. Wir sind zwei Wochen geblieben und haben mit Otto etwas oberhalb der Stadt am Eingang eines Nationalparks campiert. Tagsüber sind wir kreuz und quer durch die Stadt gefahren, bis wir uns über Macau nach China aufgemacht haben.

Das tibetische Hochland ist mit Ostchina durch die Nationalstraße 317 verbunden, die durch dieses voralpenlandähnliche Panorama auf 3000 Metern Höhe führt. Wir hatten eine Sondergenehmigung, um vier Wochen lang Tibet besuchen zu dürfen. Allerdings waren wir mit Begleitfahrzeug, Fahrer und Aufpasser unterwegs. Für die Schönheit der Natur, die uns hier dazu bewegt hat auszusteigen und das Bild zu machen, hatten unsere chinesischen Begleiter keine Antennen. Sie haben sich lediglich gewundert. Eine Woche später war Tibet wegen zunehmender Unruhen wieder monatelang für ausländische Autos gesperrt.

Otto war eines der ersten ausländischen Fahrzeuge, das auf der neu gebauten Serpentinenpiste zum Mount Everest Base Camp fuhr. Wir haben die Nacht auf 5200 Metern Höhe verbracht, mit minus 15 Grad die kälteste Nacht der Tour.

喀拉庫勒湖

Von Kaschgar im äußersten Südwesten von China haben wir einen Tagesausflug auf den Karakorum Highway, der China mit Pakistan verbindet, bis zur Grenze gemacht. Wir hatten damals eine Sondergenehmigung bekommen, um den Highway zu befahren, eine der höchstgelegenen Hochgebirgsstraßen der Welt. Jahreszeitlich bedingt war die Grenze im April noch gesperrt. Ein paar Tage später war alles so weit abgetaut, dass die Strecke auch offiziell wieder befahrbar war. Für uns blieb es jedoch ein Tagesausflug. Die letzten Meter bis zur Grenze haben wir flankiert von Polizei und Militär zurückgelegt.

9300 Kilometer östlich von Moskau endet hier in Wladiwostock nach einwöchiger Zugfahrt durch die sibirischen Birkenwälder die Reise der Transsibirischen Eisenbahn. Wir sind auf ihrer Parallelstraße nach Sibirien gefahren. Eine wirklich sehr lange Strecke, und die erste Birke außerhalb von Moskau sieht doch sehr ähnlich aus wie die letzte Birke vor Wladiwostock. Auf dieser Fahrt haben wir neun verschiedene Zeitzonen passiert. Die Uhr auf dem Bahnhof zeigt sieben Uhr, in Wirklichkeit war es aber zwei Uhr nachmittags. Die Bahnhofsuhren zeigen alle Moskauer Zeit an.

ВЛАДИВОСТОК

Das Leben in den mongolischen Jurten hat sich in den letzten hundert Jahren für die Menschen kaum verändert. Es gibt kein fließendes Wasser, keine Toiletten. Jede Jurte ist ein großer Raum, in der alles Leben stattfindet, in der gekocht wird, in der nachts die Matten zum Schlafen ausgerollt werden. Die einzige Neuerung stellen die Fernseher dar. Diese werden durch Solarzellen betrieben. Die Mongolei ist eines der wenigen Abenteuerländer auf der Welt, auch heute noch. Ein Land der Gegensätze: große, grüne Ebenen mit Pferdeherden, das Hochgebirge, die Wüste Gobi und die heute hochmoderne Hauptstadt Ulaanbaatar. Ein tolles Reiseland, auch die Menschen sind uns immer sehr freundlich begegnet.

Die größte und wichtigste römische Stadtanlage im östlichen Mittelmeer: Palmyra im heutigen zentralen Syrien. Wir haben Palmyra vier Mal besucht, zweimal mit Christine, zweimal mit Martin, und waren jedes Mal begeisterter. Inzwischen hat der Islamische Staat leider einen Teil dieser ungewöhnlichen, wertvollen Stätte zerstört.

Wir hatten das Glück, nach Saudi Arabien einreisen zu dürfen – in ein Land, das kaum Besuchervisa ausgibt. Die Ausgrabungsstätte Mada'in Salih ist bekannt für ihre aus dem Fels gemeißelten Monumentalgräber, überdimensional und eindrucksvoll. Gebaut hat sie der mittelalterliche Volksstamm der Nabatäer, der mit Weihrauch handelte. Auch in Jordanien haben die Nabatäer solche Grabstätten in der Nähe von Petra errichtet, dorthin strömen täglich Hunderte Besucher. In Saudi Arabien hatten wir Mada'in Salih jedoch für uns.

5000KM
西藏拉孜
318国道
上海人民广场
上海第三批援藏拉孜小组 2003年10月建
FB 126 E

Die chinesische Fernstraße 318 führt von Peking im Nordosten Chinas diagonal durch das riesige Land, bis an die Grenze nach Nepal im tibetischen Südwesten. Auf dieser Strecke gibt es weltweit den einzigen 5000-Kilometerstein. Er steht dekorativ im tibetischen Hochland. Natürlich gibt es auch andere extrem lange Fernstraßen, aber die 318 ist auch durchgehend als 318 nummeriert. Andere wechseln zwischendurch die Nummer und starten damit eine neue Kilometerzählung.

Otto wirkt wie ein kleines Spielzeugauto in den sich endlos windenden Serpentinen der ewigen Weite. Diese Straße führt vom Oberlauf des Brahmaputra in Tibet zum Base Camp des Mount Everest.

Weihnachten 2006: ein Moment der Ruhe im sonst so vollen, bunten, lauten Indien. Hier haben wir uns 2006 eine Woche Pause am Indischen Ozean in Goa gegönnt. Da wir sonst viel im Inland unterwegs waren, haben wir diese ruhigen Sonnenuntergänge am Meer umso mehr genossen.

Die Grenze zwischen Indien und Pakistan ist knapp 3000 Kilometer lang und hat nur einen einzigen Übergang, der täglich von neun Uhr morgens bis halb vier Uhr nachmittags geöffnet ist. Weder pakistanische noch indische Fahrzeuge und Fußgänger dürfen passieren. Dafür findet hier der Import und Export statt: Die Waren werden mit Autos und Lkws zur Grenze gebracht, die einzelnen Pakete bringen dann indische Träger zum Übergang, wo sie pakistanische Träger entgegennehmen. Anschließend gibt es eine halbstündige Grenzschließungszeremonie auf beiden Seiten. Ein irres Schauspiel.

Eine Schule mitten in Indiens Nirgendwo. Jungs und Mädchen sitzen getrennt voneinander, passen diszipliniert auf, was der Lehrer erzählt.

Wir haben die Szene von der Straße aus entdeckt und nur kurz für ein Foto angehalten, um die Klasse nicht weiter zu stören.

Auf dem Weg in die tibetanische Hauptstadt Lhasa sind wir an diesen Felsen vorbeigekommen, die wie beinahe jeder Fels in der Gegend mit den landestypischen Gebetsfähnchen dekoriert waren. Farblich passte Otto hier gut ins Bild.

Mitten in der menschenleeren Steppe Kasachstans haben wir unser Halbe-Million-Jubiläum erreicht. Wir hatten vorgesorgt und Krim-Sekt organisiert. Als der Kilometerzähler umsprang, haben wir sofort angehalten, es war der 12. September 2005. Nachdem wir angestoßen hatten, haben wir den Rest der Flasche über Ottos Kühlerhaube gegossen – ein feierlicher Moment. Zu der Zeit habe ich immer gesagt, dass wir die 600 000 nie überschreiten würden. Christine glaubte, wir schaffen mehr. Wir wollten wetten, haben es aber nicht getan. Am Ende wurden es fast 900 000 Kilometer – und das mit nur einem Motor.

ARALSK - АРАЛЬСК
Central Khazakhstan
500.000 KM
FB 126 C
300 GD

祖國光
김일성장군의 조국개선
열렬히 환영한다

Ich weiß gar nicht mehr, wie wir darauf gekommen sind, es überhaupt zu versuchen. Verrückt. Aber nach vielen vergeblichen Bemühungen ist es dem deutschen Botschafter in Pjöngjang 2011 gelungen, eine Sondergenehmigung für unsere Einreise zu erwirken. Natürlich haben wir Nordkorea unter ungewöhnlichen Bedingungen kennengelernt. In Otto fuhr ein Begleiter mit, vor Otto ein weiteres Fahrzeug mit Fahrer und Begleiter. Unsere Tour war bis ins Detail choreografiert, sogar die Toilettenpausen wurden uns diktiert. Jeder Polizist an jeder Straßenkreuzung Pjöngjangs hatte ein Foto von Otto in der Tasche, um den Wagen zu identifizieren. Jeder Kontrollposten, auch an den leeren Fernstraßen, wusste ganz genau, in welcher Minute Otto von wo ankommt. Natürlich mussten wir im Hotel übernachten. Die Räume links und rechts von uns waren von unseren Bewachern in Beschlag genommen. Otto stand derweil auf dem Hotelparkplatz. Wir haben uns ausnahmsweise keine Sorgen um ihn gemacht, da wir das Gefühl hatten, in Nordkorea falle kein Regentropfen unkontrolliert. Keine Kommunikation für uns, kein Telefon, kein Internet, kein Fax. Beim deutschen Botschafter durfte ich über die Geheimleitung via Berlin telefonieren, um die Weiterreise zu organisieren.

Ein Wüstendorf im Süden des Iran, im Kontrast zur modernen Autobahn. Der Gegensatz hat uns so beeindruckt, dass wir angehalten haben, um dieses Bild zu machen.

Indonesiens berühmtester Vulkan Gunung Bromo im Südosten von Java. Wir waren dreimal oben, haben dreimal auf einem gegenüberliegenden Berg übernachtet, um beim ersten Sonnenstrahl morgens fotografieren zu können. Zweimal hatten wir Pech, Nebel und Wolken, beim dritten Anlauf hat es dann geklappt. Eine atemberaubende Stimmung, einfach toll. Wir standen an einem Kraterrand, der einen Durchmesser von vielleicht 100 Kilometern hat. Viele Leute fahren nachts um drei, halb vier los, um wie wir beim ersten Sonnenstrahl dort oben zu sein.

Die kleine Stadt Schibam in der Region Hadramaut im Jemen. Die Hochhäuser sind alle aus Lehm gebaut, manche sind über 500 Jahre alt. Eine Manhattan-Skyline aus Lehm. Bis zu zehn Stockwerke sind die Gebäude hoch.

Das Trockenflussbett des Wadi Rum in Jordanien ist von gigantischen Buntsandsteinfelsen durchsetzt. Wir fühlten uns sehr klein in dieser unwirklichen Welt. Für Martin, mit dem ich dort 2007 unterwegs war, ein ganz neues Gefühl. Es war seine erste Otto-Tour.

Otto als Sightseeingtourist. Dieses Bild ist bei unserem fünften Besuch in Angkor Wat, in Kambodscha, entstanden. Die größte und bedeutendste Tempelanlage der Region sieht man nur mit viel Glück ohne Besucherströme. Dieses Mal sind wir eine ganze Woche geblieben. Auf dem Bild sieht man das Osttor von Angkor.

Im Inneren der größten philippinischen Insel Luzon gibt es kunstvoll angelegte Reisfelder, die beinahe 2000 Jahre alt sind. Otto und ich haben alle Hauptinseln der Philippinen besucht, sind zehnmal mit der Fähre gefahren. Hier durften wir jedoch erst 2012 nach jahrelangen Bemühungen einreisen. Otto war der zweite ausländische Wagen auf dem Archipel.

Otto im Kreise seiner großen malaysischen Brüder. In Malaysia sind über 50 Jahre alte Mercedes-Lkw auch heute noch im Einsatz, ebenso wie in Afrika. Das Bild ist auf dem Parkplatz einer Tankstelle entstanden.

FB-126 C

Die berühmte U-Bein-Brücke in Myanmar, die längste und älteste Teakholzbrücke der Welt. Sie führt über den Taungthaman-See. Sechs Jahre lang haben wir auf eine Einreiseerlaubnis für Myanmar gewartet, 2014 waren wir dann dort. Nicht das einzige Reiseziel, das uns Geduld abverlangt hat. Drei Wochen lang sind wir durch das Land gefahren, mit einem Begleitfahrzeug, das allerdings mehr Reiseleiter als Aufpasser war. Am meisten beeindruckt haben uns die extrem freundlichen Menschen in diesem Land.

Kalimantan
Manado
Balikpapan
Poso
Moluccas
T. Toraja
Papua
Madang
Surabaya
INDONESIA
Makasar
Denpasar
Flores
Solomon Islands
Dili
EAST TIMOR
Boroko
Lae
Bali
Lombok
Sumbawa
Sumba
Kupang
Timor
Honiara
Port Moresby
Great Barrier Reef
Cape York
Darwin
Auckland - Singapore
Busan - Perth
Katherine
Wyndham
Kimberley
Karumba
Cairns
Samoa
Apia
Vanuatu
Pago Pago
US Samoa
Broome
Tennant Creek
Townsville
Port Vila
Suva
Fiji
Mt. Isa
Port Hedland
AUSTRALIA
Boulia
Longreach
Rockhampton
Nouméa
New Caledonia
Gibson Desert
Newman
Alice Springs
Carnarvon
Nuku'alofa
Tonga
Fraser Island
Ayers Rock
Simpson Desert
Charleville
Wiluna
Great Victoria Desert
Brisbane
Geraldton
Kalgoorlie
Nullarbor Plain
Bourke
Broken Hill
Perth
Great Australian Bight
Sydney
Esperance
Mildura
Canberra
Auckland
Albany
Adelaide
Hamburg
Melbourne
Cape Howe
NEW ZEALAND
Devonport
Wellington
Tasmania
Milford Sound
Christchurch
Hobart
Dunedin

Australien und Ozeanien

Am 8. Mai 2002 haben wir unsere Tour durch Australien und Neuseeland begonnen. Otto kam mit einem Schiff von Montevideo nach Auckland, es war seine fünfte Containerreise. Wir haben uns nirgendwo so unabhängig gefühlt wie in Australien und Neuseeland. Diese unglaubliche Weite. Tagelang konnten wir dort durch das Outback fahren, ohne einem einzigen Menschen zu begegnen. Natürlich haben wir die wesentlichen Buschrouten alle abgeklappert, aber mit Otto sind wir auch in ungewöhnliche Ecken vorgedrungen.

Und selten haben wir uns so sicher gefühlt. In anderen Ländern war oft unsere Hauptsorge, wir könnten nachts überfallen werden. Trotzdem haben wir Otto auch in Australien nicht einmal auf einem Supermarktparkplatz allein gelassen. Immer wartete einer von uns im Wagen, während der andere einkaufte. Wir hatten uns das während unserer Reise so angewöhnt und wollten kein Risiko eingehen.

In Australien haben wir dann auch den heißesten Tag der kompletten Reise erlebt, auf dem Weg nach Alice Springs. 50 Grad im Schatten. Der Fahrtwind war so heiß, dass wir die Fenster geschlossen halten mussten – und das ohne Klimaanlage. Die hatten wir längst einem Mechaniker in Afrika geschenkt.

Neuseeland bereisten wir im Frühling, als alles in voller Blüte stand. Die frische Luft, die Klarheit und die Sauberkeit beeindruckten uns. 2011 sind wir noch einmal wiedergekommen, um die Pazifikinseln zu besuchen: Papua-Neuguinea, die Salomonen, Vanuatu, Fidschi, Samoa, Tonga. Otto musste immer in Schiffscontainern reisen, Fähren gab es dort nicht. Auf den Salomonen war er das allererste ausländische Fahrzeug, das dort registriert wurde – wie schon so oft auf der Reise.

Der von tropischem Wald gesäumte Bilderbuchhafen von Port Vila, der Hauptstadt des südpazifischen Inselstaates Vanuatu. Im Südpazifik waren wir ein halbes Jahr lang unterwegs, es war eine ziemliche Herausforderung, mit Otto zu reisen. Immer wieder musste er in einem Container verschifft werden, und manche der Schiffsverbindungen wurden nur einmal im Monat bedient. Die Hafengebühr lag teilweise über den Transportkosten und die Inseln sind weit voneinander entfernt. Am schönsten und unberührtesten ist es natürlich immer auf den kleinen Atollen, aber ich wollte Otto nicht allein lassen. Martin hat sich daher allein ein paar Tage Traumstrand gegönnt. 2015 wurden hier viele Gebäude durch einen Zyklon zerstört.

Auf der östlichen Hälfte der zweitgrößten Insel der Welt nördlich von Australien liegt der unabhängige Staat Papua Neuguinea. Hunderte Volksstämme bevölkern die teils von dichtem Urwald überzogene und stark zerklüftete Insel. Nirgendwo auf der Welt werden mehr unterschiedliche Sprachen gesprochen, nirgendwo gibt es mehr kulturelle Stammesunterschiede. Einmal jährlich treffen sich über hundert Volksgruppen zu einem farbenprächtigen und spektakulären Stammesfest im zentralen Hochland von Mount Hagen und Boroka zu dreitägigen Veranstaltungen. Otto durfte 2011 als einziges Fahrzeug mit einer Sondergenehmigung inmitten der rituell geschmückten Tanzgruppen das riesige Festgelände befahren und wurde von vielen Einheimischen bestaunt.

CUL-
TURAL
SIMBU PROV

Eine der weniger bekannten Attraktionen in Westaustralien: die »Pinnacles« im Nambung National Park. Eine Wüste mit markanten Kalksteinsäulen.

Als wir das südliche Ende Neuseelands besuchten, wehte nur eine leichte Brise. Wie man an den Bäumen erkennen kann, ist das aber nicht immer so: Sie sind so windgepeitscht, dass sie schräg wachsen. Und das nächste Unwetter braute sich schon über uns zusammen.

Wir sind oft stundenlang durch das australische Outback gefahren, ohne einem anderen Auto zu begegnen. Die Pisten waren teils so wellblechartig verformt, dass wir mit halben Luftdruck auf den Reifen fuhren, um diese Wellen weicher abzureiten, so schwer beladen, wie wir waren. Sicher anzukommen hatte bei uns immer oberste Priorität.

Überall in Neuseeland sind wir Schafen begegnet, die Insel ist von mehr Schafen als Menschen bevölkert. Die Tiere werden draußen geboren und bleiben ihr Leben lang im Freien. Für Christine ein echtes Highlight, sie hat Schafe geliebt.

Touristen besteigen den Ayers Rock. Aus unserer Perspektive wirkt das wie eine Ameisenstraße. Nachdem wir dieses Bild gemacht hatten, sind wir natürlich selbst nach oben gestiegen. Von dort aus konnten wir Otto als kleinen blauen Punkt in der Landschaft ausfindig machen.

Australiens größte Goldmine, in der überdimensionale Kipploren umherfahren. Die Mine liegt bei Kalgoorlie im Westen Australiens und ist eines der größten von Menschen geschaffenen Erdlöcher, so tief wie der Ayers Rock hoch, ganze 360 Meter. Der Anblick hat uns überwältigt.

Was für uns aussah wie eine europäische Waldlandschaft, sind die Blue Mountains. Das Ausflugsziel der Sidney-Bewohner, im Sommer für etwas Abkühlung, im Winter zum Skifahren.

Wir haben diese Landschaft auf unserer Reise oft durchquert. Für Australier ist die Landschaft außergewöhnlich, für uns Europäer eher weniger. Dennoch ist sie wunderschön.

Prudhoe Bay
ALASKA
Fairbanks
Anchorage
Dawson
Gr. Bear Lake
Whitehorse
Skagway
Watson Lake
Gr. Slave Lake
Hay River
Hazelton
Dawson Creek
Jasper
Edmonton
Vancouver I.
Vancouver
Calgary
Lake Winnipeg
Regina
Winnipeg
Seattle
Portland
Missouri
GREENLAND
Hudson Bay
Goose Bay
Churchill Falls
Labrador City
Gander
Newfoundland
CANADA
Quebec
Halifax
Great Lakes
St. Marie
Ottawa
Montreal
Portland
Boston
Bismarck
UNITED STATES
Eureka
Casper
Rapid City
Milwaukee
Toronto
Niagara
Reno
Chicago
New York
San Fransisco
Kansas City
Denver
Washington
Las Vegas
Oakley
Wichita
St. Louis
Richmond
Los Angeles
Albuquerque
Tulsa
Nashville
Raleigh
San Diego
Phoenix
Amarillo
Birmingham
Atlanta
Ensanada
El Paso
Dallas
Jackson
Savannah
Ft.Stockton
Jacksonville
Hermosillo
Chihuahua
San Antonio
Houston
Mobile
New Orleans
Orlando
Tampa
Loreto
Los Mochis
Miami
BAHAMAS
Baja California
Torreon
C. Christi
Monterrey
Key West
La Paz
MEXICO
Havana
Mazatlan
Santiago
CUBA
Yucatan
Merida
Pto.Vallarta
Cancun
Guadalajara
Mexico City
Campeche
Kingston
Veracruz
BELIZE
JAMAICA
Acapulco
HONDURAS
Tegucigalpa
Tuxtla
Oaxaca
DOM. REP.
Pto. RICO
HAITI
Sto. Domingo
Lesser Antilles
Caribbean Islands
Curacao
Maracaibo
Caracas
Cartagena
Barcelona
Moerdijk - Havana
Hamburg - Curacao
Trinidad - Hamburg

Nordamerika

Von Mittelamerika aus sind wir am 7. April 1999 mit 255 000 Kilometern auf Ottos Tacho in Arizona eingereist. Wir sind durch die ganzen USA gefahren, bis zur äußersten Spitze von Key West in Florida. Natürlich haben wir auch die großen Städte besucht, New York, Las Vegas; was uns aber am meisten beeindruckt hat, waren die Nationalparks. Sie waren erschwinglich und vor allem war die Infrastruktur sehr gut ausgebaut: überall Wegweiser und Informationsmaterial an jedem Eingang. Das war natürlich der absolute Kontrast zu Afrika. Die Landschaft war zudem einfach atemberaubend.

Sehr intensiv haben wir auch Kanada bereist. Und wir haben uns gefreut, nach den USA dort Baguette und guten Käse im Supermarkt kaufen zu können. Der war immer unsere erste Anlaufstelle hinter der Grenze. Alaska erschien uns hingegen wie das Hinterland der Welt: Prudhoe Bay, der Eismeerhafen, an dem die Alaska-Pipeline endet, ist nur schwer zu erreichen. Über eine nicht leicht zu befahrende Piste – mit Otto ging das. Und wir hatten Glück, auch mit dem Wetter. Ende August haben wir Alaska hinter uns gelassen, und am nächsten Tag brach dort der Winter mit Schnee und Frost aus.

Was mir von Nordamerika besonders im Gedächtnis geblieben ist: als wir einmal eine Woche nach 9/11 durch New York fuhren, das wir zuvor schon einmal besucht hatten. Die Stimmung in der Stadt nach den Anschlägen war unbeschreiblich. Und wenn wir dann unsere Weltkarte auspackten, sagten viele Menschen mit Tränen in den Augen: wie toll, dass ihr trotzdem zu uns gekommen seid.

Der Weg von Westkanada nach Alaska führt durch grandiose Nationalparks. So wie auf dem Foto zu sehen, haben wir die wilde Weite des kanadischen Nordwestens erlebt.

Ottos erster New-York-Besuch fand 1999 statt, das World Trade Center steht hier noch. Und auch Christine war zum ersten Mal da. Die berühmte Skyline der Metropole hat sie so ergriffen, dass sie beinahe zu weinen begann. »Ich hätte nie gedacht, dass ich einmal nach New York komme«, sagte sie damals. Die Schönheit des Tages wollten wir unbedingt in einem Bild festhalten.

Auch in den USA gibt es Wüsten – aber in den Nationalparks im Süden ist der Sand meist durchkurvt von den vielen Sandmobilen, die herumfahren. Etwas anders, als wir es aus Afrika gewohnt waren. Wir haben es trotzdem geschafft, ein Foto ohne Fahrzeuge zu machen.

Stuttgart
Hamburg
FT 19
BB LT 27
MARY CITY
CITY OF POTEET STRAWBERRY CAPITAL OF TEXAS
DUTTA
46 July 1997
BUNGE
HARWINTON
Schönbühl
HUGHES
WELCOME TO OAK HARBOR WHIDBEY ISLAND, WA. 1393 MILES
DANA FORT WAYNE INDIANA
NTAC HILLSBORO TEXAS
SHANEYFELT
HAWKINS FARM NETTLETON, MISS
SPRINGHILL LOUISIANA POP. 5,668
RUSSELLS
Rollh
Ti-Go goes to Canada
THE JENNINGS
Austin POP. 21,907
Santee CITY LIMITS POP. 54,315 ELEV. 350
REDDING
THE McKELLARS ELGIN QUEBEC
Andrew & Isabel Soeres Joseph & Jean Gonoski Weyburn, Saskatchewan July 10 1996
PHIL CAMPBELL, AL
MILLER
DOTHAN, ALA
TIE LAKE
VICKSBURG AZ
MALLOR
DAVIS MARYLAND
AKRON PA. ZIMMERMAN
Zimmerman
CARPENTER
A. DETRY
200
1600
GGP 866

Als der Alaska Highway gebaut wurde, rammte einer der Arbeiter eines Tages ein Ortsschild seiner Heimatstadt in die Erde, um auf ein Stück Heimat blicken zu können. Andere taten es ihm gleich. Irgendwann, als der Highway längst fertig war, brachten auch Touristen Schilder mit. Heute ist der »Sign Post Forest« im kanadischen Watson Lake mit seinen 20 000 Schildern berühmt, und der kleine Ort mit ihm. Im September 1999 sind wir hier entlanggekommen. Stuttgart und Hamburg haben wir gleich gefunden, außerdem ein bayerisches Ortsschild.

Im White Sands Park, New Mexico, waren wir mutterseelenallein. Eine gleißende Helligkeit, nur mit Sonnenbrille zu ertragen. Man hatte fast Hemmungen, die Dünen hochzulaufen, um die schöne Riffelung im feinen Pulversand nicht zu zerstören.

STOP

Eines der beeindruckendsten Spektakel, die wir in den USA erlebt haben, war das bei Albuquerque stattfindende »Hot Air Balloon Festival«. Wir wollten es unbedingt ansehen und haben die Route extra so geplant, dass wir im Oktober dort sein konnten. Der Himmel war wolkenlos. In den frühen Morgenstunden steigen hier gleichzeitig etwa 500 Heißluftballons auf. Darunter auch einige mit den ungewöhnlichsten Formen, Whiskeyflaschen oder Kühe beispielsweise.

Wenn ich mich nicht mit dem Auto fortbewege, nehme ich gern die Bahn. Ich habe früher sogar selbst kleine Eisenbahnen gebastelt und war aktives Mitglied eines Miniatureisenbahnklubs. Keine Frage also, dass ich diese »Alaska in Alaska«-Szene fotografieren musste und das Bild für mich bis heute diese Region versinnbildlicht. Wir waren zwei Wochen lang dort, im Frühherbst zur Lachssaison. Auch die Amerikaner fahren dann hoch, in ihren gigantischen Wohnmobilen, ausgestattet mit dicken Tiefkühltruhen. Ein Paar hatte besonders viele Lachse gefangen und uns einen fangfrischen geschenkt und für uns filetiert. Mittags haben wir den Fisch in die Pfanne gehauen, ein richtiges Festmahl.

ALASKA

Die Felsen des Red Rocks Park in Colorado leuchten bei flach stehender Sonne glutrot. Wir haben den Park ausführlich erkundet, Ottos Geländegängigkeit hat dabei sehr geholfen. Überhaupt sind wir in den Nationalparks oft in Ecken gekommen, die sonst niemand befahren hat. Viele Besucher waren in Wohnmobilen unterwegs und kamen von den Asphaltstraßen gar nicht runter. Später haben wir dort den Sonnenuntergang angeschaut und in der Nähe auf einem Campingplatz übernachtet.

Die unglaubliche Weite und jungfräuliche Natur von Kanada waren für uns ein Highlight Nordamerikas. Diese unbewaldete Fläche ist eigentlich untypisch – war für uns aber ein Glücksfall, weil wir dadurch sehr weit sehen konnten, bis zu den kanadischen Rocky Mountains.

Ein Nebenarm der Niagarafälle. Wir haben viele große Wasserfälle der Welt besucht, und um ganz ehrlich zu sein, haben uns andere mehr beeindruckt. Uns fehlte einfach die Natur drumherum, wie an den Victoria Falls oder den Iguazú-Wasserfällen. Allerdings hat der Kontrast hier auch seinen Charme. Man muss sie einfach einmal gesehen haben.

NY
DAYS INN

In den Staaten haben uns die Nationalparks am allermeisten beeindruckt, vor allem die im Süden des Landes.

Gelegentlich haben wir zwischen solchen Trucks nachts Schutz gesucht. Die Trucker haben damals, 1999 war das, immer den Motor laufen lassen, um eine Klimaanlage benutzen zu können. Zwischen den dicken Trucks waren wir nicht alleine und haben uns sicher gefühlt. Wir haben in den USA auch oft auf Autohöfen, dort Truck Stops genannt, übernachtet.

HURLEY
MACK
22132
58035
MTC
NUR 156
ILJ·791

ICELAND
Reykjavik
Seydisfjordur
Torshavn
Faeroes
North Cape
Hammerfest
Murmansk
Narvik
Lulea
Bodo
Oulu
Umea
NORWAY
Trondheim
SWEDEN
FINLAND
Petrozavodsk
St. Petersburg
Novgorod
Helsinki
Aland
Oslo
Stockholm
Tallin
R U
Belfast
Edinburgh
IRELAND
U.K.
Dublin
Copenhagen
Riga
BELARUS
Moscow
Vladimir
N'N
Razan
Vilnius
Minsk
London
A'dam
Hamb'g
Warshaw
Berlin
Kiev
Tambov
Sar
Channel Is.
Brussels
Frankfurt
E.U.
EUROPEAN
UNION
Paris
Lux'bg.
Prague
MOLDOVA
Volgogra
Kishinev
UKRAINE
Bratislava
Stgt.
Rostov n.D.
Krim
Bordeaux
Bern
Graz
Budapest
Odessa
Toulouse
Bilbao
Marseille
Belgrad
Bucarest
Yalta
Soci
Porto
Madrid
Corsica
S. Marino
Sofia
Black Sea
Barcelona
Rome
Skopje
Istanbul
Ankara
Trabzon
Lisbon
Sevilla
Valencia
Tirana
Erzurum
Sardinia
T U R K E Y
Athens
Faro
Malaga
Izmir
Sicily
Adana
Aleppo
Tanger
Gibraltar
Algiers
Tunis
Rabat
Melilla
Valetta / MALTA
Crete
Cyprus
Palmy
Casablanca
Djerba
Beirut
Figuiq
Tripoli
Benghazi
Damascus
MOROCCO
TUNESIA
Alexandria
Marrakech
A L G E R I A
Amman

Europa

Über die ganzen Jahre hinweg hatten wir Europa ein wenig vernachlässigt. Das war schließlich unsere Heimat, zu naheliegend, zu wenig Abenteuer. Wir hatten Europa als Etappe eigentlich gar nicht eingeplant. Aber als die Reise mehr und mehr zu einer Weltreise wurde, war uns irgendwann klar, dass wir unseren eigenen Kontinent nicht auslassen können.

Wir haben also im Laufe der Zeit alle Länder Europas bereist, inklusive dem Kosovo, der noch gar nicht der Kosovo war, inklusive auch der Faröer-Inseln, Island, den Kanalinseln, Malta, Zypern und Nordzypern – Otto war der erste Wagen, der von Süd- nach Nordzypern gekommen ist. Damals, 2007, gab es große Probleme an der Grenze.

Und auch in Europa haben wir Aufregendes erlebt, Neues gesehen. Das vielleicht ungewöhnlichste Land für uns war das kleine Åland, das völkerrechtlich zu Finnland gehört, aber ein hohes Maß an Autonomie besitzt. Und auch in Europa sind wir auf Schwierigkeiten gestoßen. Drei Anläufe haben wir gebraucht, um nach Weißrussland einzureisen. Einmal gab es keine Genehmigung für Otto, einmal habe ich selbst kein Visum bekommen. Nach einer langen Wartefrist und vielen Nachfragen in Minsk hat es dann doch irgendwann geklappt.

Besonders gefallen hat uns die Küstenstraße Irlands. Eine wunderschöne Landschaft, relativ wenige Touristen und die extreme Freundlichkeit der Bevölkerung haben uns sehr berührt. Ab 2004 sind wir immer wieder durch Teile Europas gefahren. Dreimal durch den Balkan. Ausführlich auch durch Skandinavien. Im Nachhinein waren wir sehr froh, unsere Heimat nicht ausgespart zu haben.

Auf der 11 000 Kilometer langen Strecke von Murmansk bis Wladiwostock haben wir ein paar Tage in St. Petersburg Halt gemacht. Bei wunderbarem Sommerwetter ist dieses Bild von der Ermitage entstanden, Russlands großer Gemäldesammlung. Im Schlossgarten sind wir spazieren gegangen. Die Schere zwischen Arm und Reich ist hier für uns bedrückend offensichtlich geworden. Einem alten Mütterlein, das von ein paar neureichen Jungs umgerannt wurde, drückten wir aus Mitleid ein paar Rubel, umgerechnet vielleicht 10 Euro, in die Hand. Sie hat sich dann weinend auf den Boden geworfen und Christines Beine umarmt. Das sind Erlebnisse, die unter die Haut gehen.

Auf dem Weg von Oslo zum Nordkap haben wir die Tromsø-Brücke überquert. Norwegen ist ein großartiges Land: Die tolle Landschaft, die vielen Fjorde, selten sieht man etwas von Menschen Geschaffenes. Die Tromsø-Brücke ist ein Ingenieurskleinod, sehr hoch, auf filigranen Pfeilern. Eine unserer angenehmeren Brückenüberquerungen.

Island haben wir im Frühling 2009 mit Martin besucht. Es war ziemlich unwirtlich dort, wir haben bei Temperaturen um die null Grad gegessen und geschlafen, es war zudem regnerisch und windig. Aber durch das kühle Klima wirkte die isländische Wildnis noch ursprünglicher auf uns.

Diese Fahrt nach Italien war eine der letzten mit Christine. Alle Wege führen nach Rom, so auch unserer. Am 7. November 2007 sind wir im Vatikan angekommen. Ein sonniger Herbsttag in der ewigen Stadt, nur wenige Touristen waren unterwegs. Damals war Benedikt XVI. Papst und hielt gerade eine Ansprache. Wir durften Otto mitten auf dem Petersplatz parken. Von seinem Dach aus habe ich diese Aufnahme gemacht. Der Tag ist mir lebhaft in Erinnerung geblieben.

ANVS·PONT·MAX·AN·MDCXII·PONT·VII

Der Name Geysir kommt aus dem Isländischen und bedeutet so viel wie »wild strömend«. Geysire sind ein seltenes und faszinierendes Phänomen, es gibt nur wenige große Geysirfelder auf der Erde (u. a. in Neuseeland, Südamerika und Island). Hier ist ein echter Isländer zu sehen, ein Geysir beim Luftholen, kurz bevor er eine Fontäne ausstößt.

London haben wir mit Christine im Jahr 2009 an einem langen Mai-Wochenende besucht, so konnten wir dem Rushhour-Verkehr entgehen. Drei Tage lang sind wir durch die Stadt gefahren und haben die Zeit genutzt, um uns die Sehenswürdigkeiten anzuschauen. Hier der Palace of Westminster.

Die Straße entlang der Amalfiküste bietet einen traumhaften Panoramablick – und das hat sich herumgesprochen. Es war gar nicht so leicht, einen Platz zu finden, an dem wir kurz für ein Foto halten konnten.

Nachwort

Auf unserer langen Reise haben wir so einiges erlebt: atemberaubende Landschaften, die Begegnung mit wild lebenden Tieren und immer wieder auch Hindernisse, die wir gemeinsam mit Otto überwunden haben. Vor allem eines werden wir dabei aber nie vergessen – die Menschen, die uns auf dieser Reise begegnet sind, die uns freundlich empfangen und unterstützt oder sogar ein ganz kleines Stück der unfassbar langen Strecke begleitet haben.

Diese Strecke war sogar so lang, dass wir zwischendurch immer wieder nach Deutschland zurückgekehrt sind, um weitere Vorbereitungen zu treffen, am Jakarta-Stadtplan weiterzuarbeiten und auch immer mal wieder bei Mercedes vorbeizuschauen – aber nicht etwa, um einen geschundenen Otto reparieren zu lassen, sondern um uns offiziell ein kleines Abziehbild bestätigen zu lassen: Otto hat nämlich nur eine fünfstellige Kilometeranzeige, die Hunderttausenderstelle habe ich dann immer dazu geklebt. Kurz bevor wir die Million erreicht haben, bin ich mit Otto nach Berlin zurückgekehrt. Christine hatte ich versprochen, die Reise auf jeden Fall zu beenden – und das haben wir letztendlich auch getan. Otto ist mir dabei so sehr ans Herz gewachsen, dass ich auch die letzten Nächte in Stuttgart nicht im Hotel geschlafen habe, sondern im Wagen. Bei der Schlüsselübergabe sagte Herr Dr. Dieter Zetsche, Vorstandsvorsitzender der Daimler AG: »Man fragt sich unweigerlich: Wer ist nach 26 Jahren on Tour eigentlich härter – Otto oder Gunther?«

Nun soll Otto bald im Museum stehen; vorher reist er allein weiter, auf eine der zahlreichen Ausstellungen nach Berlin, Turin, Graz oder Dubai. Man könnte fast meinen, auch den Wagen hätte die Abenteuerlust gepackt, so wie zuvor Christine, Martin und mich – und er komme ebenso wenig davon los.

Schwarting

100
120
80
140
60
160
40
180
20
899590
2254
km/h

Gratulation
Ottos Heimkehr.
Otto´s" Round The World Record Tour
FB 126 C
OTTOS REISE

Bibliografische Information der Deutschen Nationalbibliothek

Die Deutsche Nationalbibliothek verzeichnet diese Publikation in der Deutschen Nationalbibliografie. Detaillierte bibliografische Daten sind im Internet über **http://dnb.d-nb.de** abrufbar.

Für Fragen und Anregungen
info@rivaverlag.de

5. Auflage 2020

Nymphenburger Straße 86
D-80636 München
Tel.: 089 651285-0
Fax: 089 652096

Umschlaggestaltung: Melanie Melzer
Umschlagabbildung: © Gunther Holtorf
Abbildungen Innenteil: © Gunther Holtorf,
aufgenommen auf Kodak Farbfilm 200 mit einer Leica M6 (1987) und Leicaflex SL (1971)
© Martin Holtorf: S. 73/74, 94/95, 96/97, 99/100
Satz: inpunkt[w]o, Haiger
Druck: Graspo CZ, Tschechische Republik
Printed in the EU

ISBN 978-3-86883-778-0

Weitere Informationen zum Verlag finden Sie unter

www.rivaverlag.de

Beachten Sie auch unsere weiteren Verlage unter www.m-vg.de